El mundo de la granja

Los animales de la granja

Nancy Dickmann

Heinemann Library
Chicago, Illinois

www.heinemannraintree.com
Visit our website to find out more information about Heinemann-Raintree books.

To order:
Phone 888-454-2279
Visit www.heinemannraintree.com to browse our catalog and order online.

Edited by Siân Smith, Nancy Dickmann, and Rebecca Rissman
Designed by Joanna Hinton-Malivoire
Picture research by Mica Brancic
Production by Victoria Fitzgerald
Originated by Capstone Global Library Ltd
Printed and bound in China by South China Printing Company Ltd

ISBN 978 1 4329 5306 5
15 14 13 12 11
10 9 8 7 6 5 4 3 2 1

Library of Congress Cataloging-in-Publication Data
Dickmann, Nancy.
[Farm animals. Spanish]
Los animales de la granja / Nancy Dickmann.
p. cm.—(El mundo de la granja)
Includes bibliographical references and index.
ISBN 978-1-4329-5306-5 (hc)—ISBN 978-1-4329-5313-3 (pb)
1. Domestic animals—Juvenile literature. 2. Livestock—Juvenile literature.
I. Title.
SF75.5.D5318 2011
636—dc22 2010034438

Acknowledgements
We would like to thank the following for permission to reproduce photographs: Photolibrary pp.**4** (F1 Online/Photo Thomas Gruener), **5** (Robert Harding Travel/Robert Harding), **6** (age fotostock/Stuart Pearce), **7** (Fresh Food Images/Gerrit Buntrock), **8** (Westend61/Gerald Staufer), **9** (Flirt Collection/Julie Habel), **10** (Ableimages/julian winslow), **11** (Juniors Bildarchiv), **12** (Oxford Scientific (OSF)/Colin Monteath), **13** (Superstock/Superstock Inc), **14** (First Light Associated Photographers/Brian Summers), **15** (All Canada Photos/Steve Ogle), **16** (Tips Italia/Sergio Tafner Jorge), **17** (age fotostock/Leonardo Diaz Romero), **18** (Geoff Higgins), **19** (Juniors Bildarchiv), **20** (Moodboard RF), **21** (Index Stock Imagery/Henry Horenstein), **22** (Fresh Food Images/Gerrit Buntrock), **23 top**, **23 middle** (age fotostock/Leonardo Diaz Romero), **23 bottom** (Superstock/Superstock Inc).

Front cover photograph of spring lambs grazing in a field reproduced with permission of iStockPhoto (locke_rd). Back cover photograph of a border collie dog, working merino sheep reproduced with permission of Photolibrary (Geoff Higgins).

The publisher would like to thank Dee Reid, Diana Bentley, and Nancy Harris for their invaluable help with this book.

Contenido

¿Qué es una granja?

Una granja es el lugar donde se cultivan los alimentos.

Muchos animales viven en granjas.

Animales de la granja

Las vacas viven en granjas.

Algunas vacas nos dan leche.

Las gallinas viven en granjas.

Las gallinas ponen huevos.

Los cerdos viven en granjas.

A los cerdos les encanta revolcarse en el lodo.

Las ovejas viven en granjas.

Las ovejas nos dan lana.

En algunas granjas hay patos.

En algunas granjas hay llamas.

Animales que trabajan

Los caballos ayudan a mover las vacas.

Los bueyes ayudan a arrastrar el arado.

Los perros ayudan a mover las ovejas.

Los gatos ayudan a atrapar ratas y ratones.

Cuidado de los animales

Los animales de las granjas necesitan comida y agua.

Los animales de las granjas
necesitan un lugar seguro
para dormir.

¿Lo recuerdas?

¿Qué animales nos dan leche?

Respuesta en la página 24

Glosario ilustrado

Arado: máquina de la granja que remueve la tierra para que los granjeros siembren las semillas

Bueyes: toros que se entrenan para arrastrar el arado o para otros trabajos de la granja

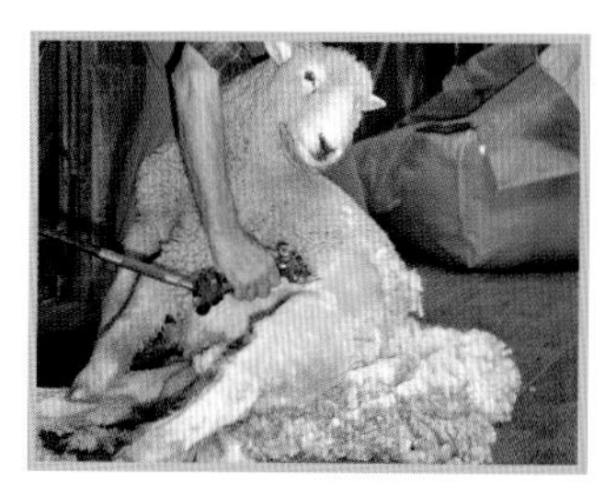

Lana: pelo que cubre a las ovejas. La lana se usa para hacer ropa y mantas.

Índice

Respuesta a la pregunta de la página 22:
Las vacas nos dan leche.

Nota para los padres y maestros

Antes de leer:

Pregunte a los niños si alguna vez han ido a una granja. ¿Conocen a alguien que viva en una granja? Entre todos, hagan una lista de los animales de granja que recuerden. Pregúnteles por qué piensan que esos animales viven en granjas.

Después de leer:

- Cante con los niños "En la granja del tío Juan". Enséñeles una imagen de cada animal para invitarlos a imitar correctamente el sonido que hace ese animal. En clase de Educación Física, ponga las imágenes en los muros del gimnasio; luego, haga el sonido de un animal para que los niños corran hacia la imagen correcta.
- Converse con los niños sobre la página 17. ¿Han visto en su país un buey tirando del arado? ¿Qué se usa en lugar de eso? Pregúnteles por qué creen que en algunos países se usan bueyes y caballos en lugar de máquinas.